E. THUNOT ET Cie,
ÈS DE L'ODÉON.

CONSTRUCTION DES

PONTS-AQUEDUCS

PONTS ET PONCEAUX EN

TION DES VIADUCS

NTS-AQUEDUCS,

EAUX EN MAÇONNERIE.

PARIS. — IMPRIMÉ
26, RUE RACINE

CONSTRUCTION DES

PONTS-AQUEDUCS,

PONTS ET PONCEAUX EN

DESCRIPTION DU VIADUC

ET DES PROCÉDÉS EMPLOYÉS DANS SA

Description des principaux Viaducs et Ponts-Aqueducs en maçonnerie qui existe
Dimensions des principaux Ponts en maçonnerie
Règles pratiques, basées sur l'expérience, pour déterminer les dimensions

PAR L'ENTREPRENEUR DU VIADUC,

Toni FONTENAY,

INGÉNIEUR

PARIS

CARILIAN-GOEURY ET Vve DALMONT, LIBRAIRES DES CORPS DES PONTS

QUAI DES AUGUSTINS, N° 49.

1852

ION DES VIADUCS

PONT -AQUEDUCS,

EAUX EN MAÇONNERIE.

ION U VIADUC DE L'INDRE

EM OYÉS DANS SA CONSTRUCTION.

es en açonnerie qui existent en France, en Angleterre, en Allemagne, etc.
aux its en maçonnerie construits en Europe.
ur dé miner les dimensions des Voûtes, des Piles, des Culées, etc.

ENTREP EUR DU VIADUC DE L'INDRE

TON FONTENAY,

ÉNIEUR CIVIL.

ATLAS.

PARIS.

RAIR DES CORPS DES PONTS ET CHAUSSÉES ET DES MINES,

DES AUGUSTINS, N° 49.

1852.

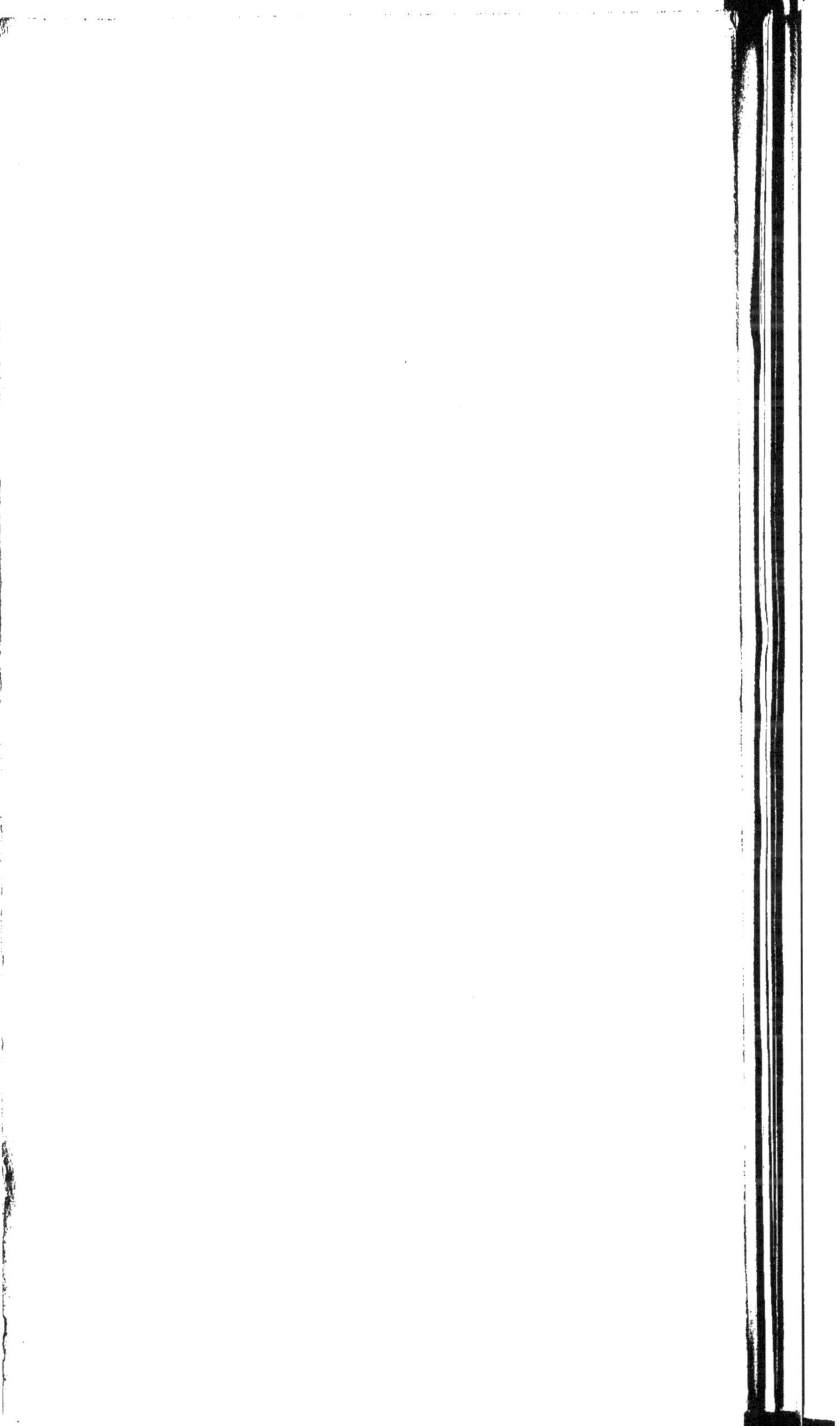

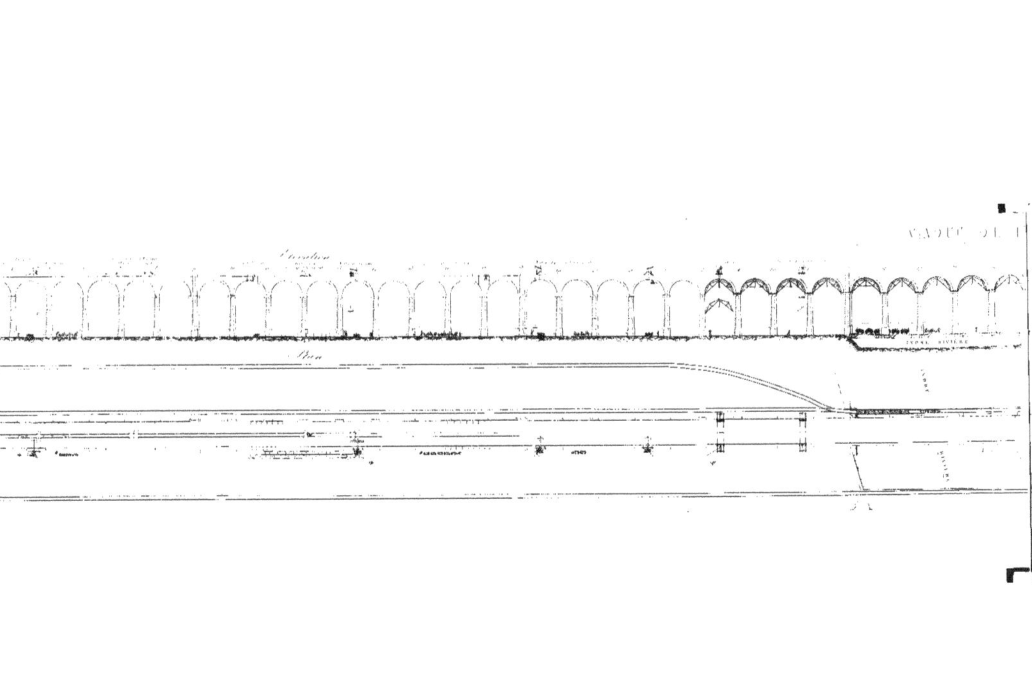

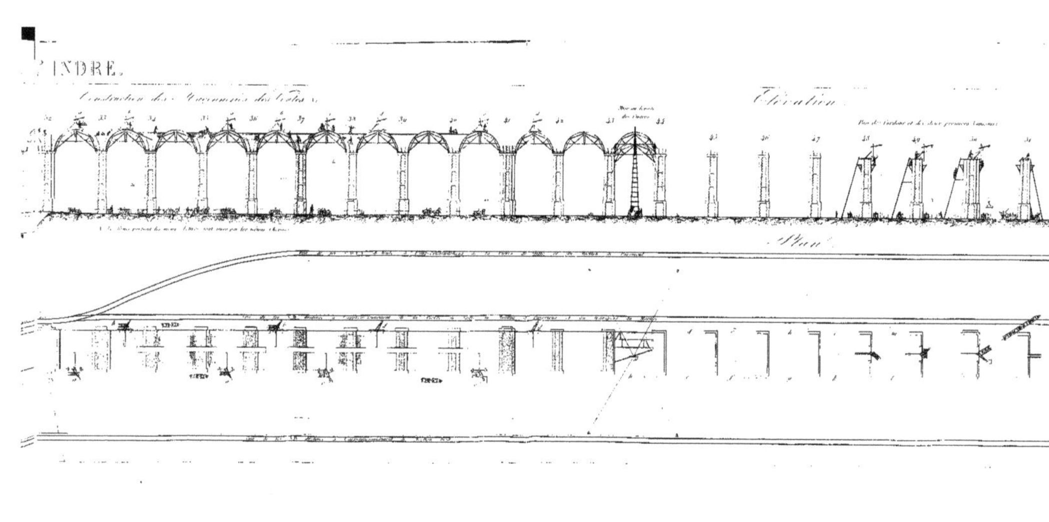

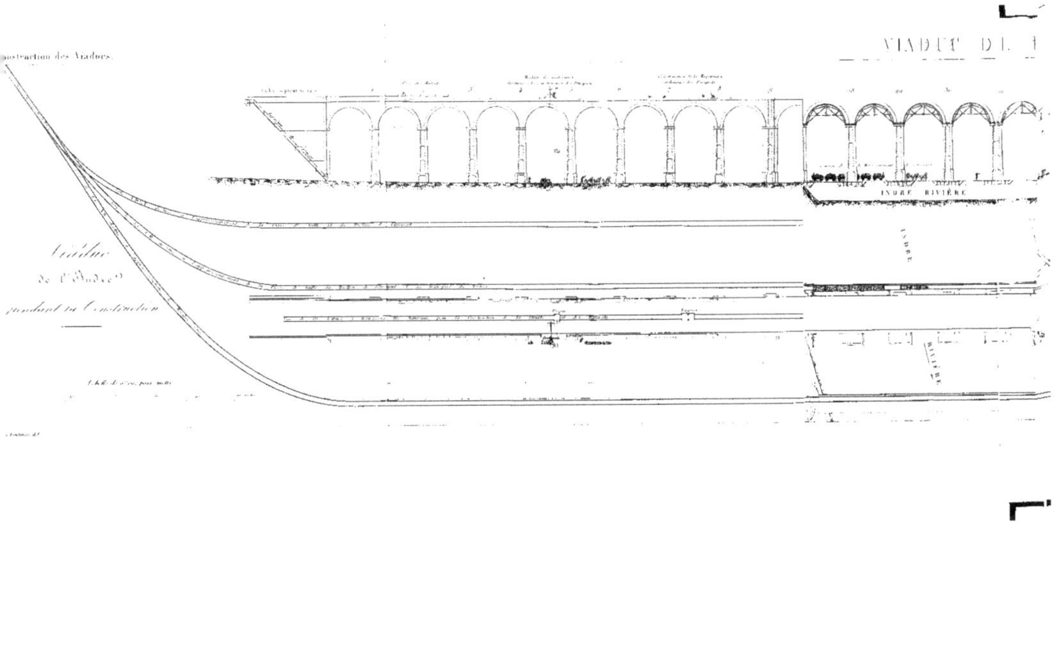

…nstruction des Viaducs.

VIADUC DE L…

Viaduc
de l'Indre
pendant sa Construction

Échelle de 0,002 pour mètre

INDRE RIVIÈRE

INDRE

RIVIÈRE

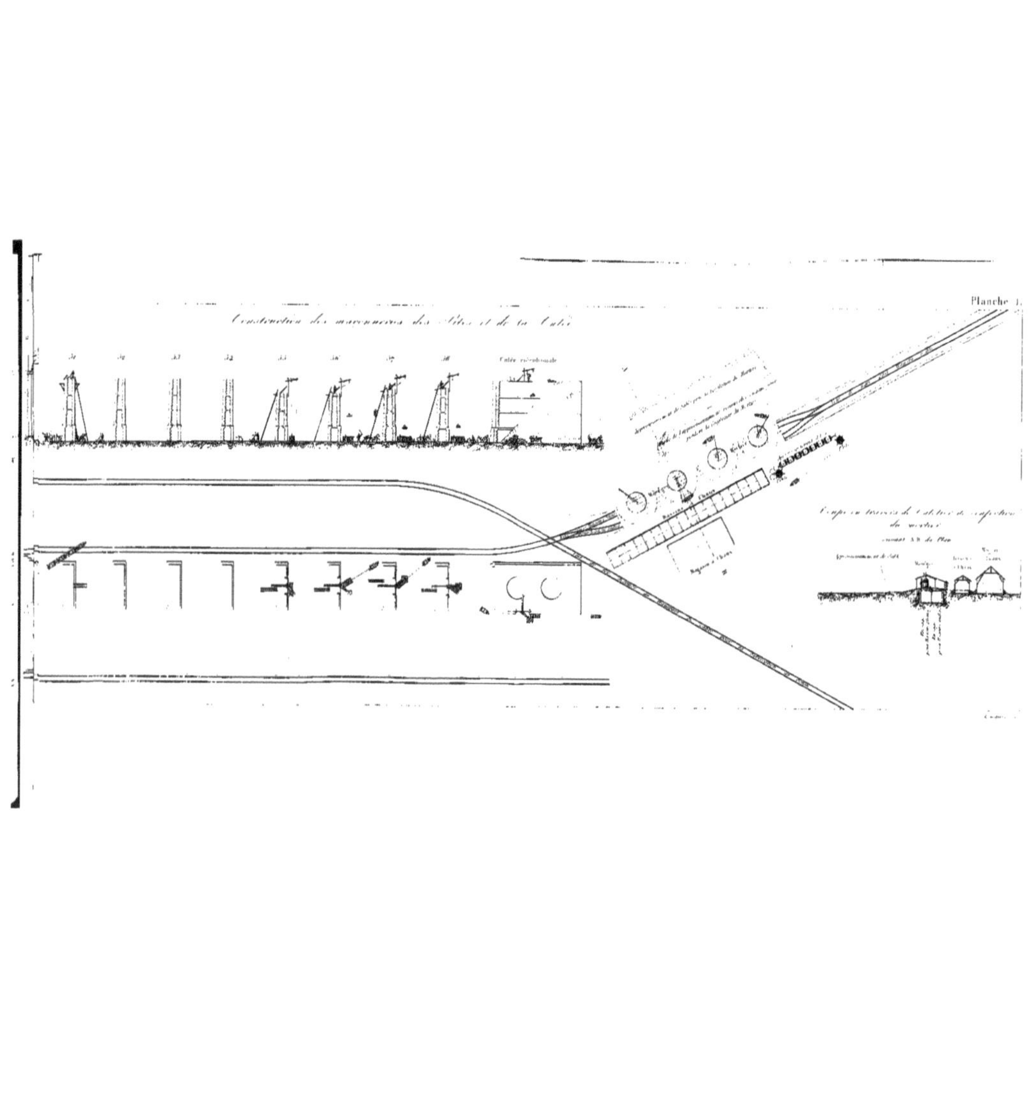
Planche 1.

Construction des Viaducs.

DÉTAILS DU VIA

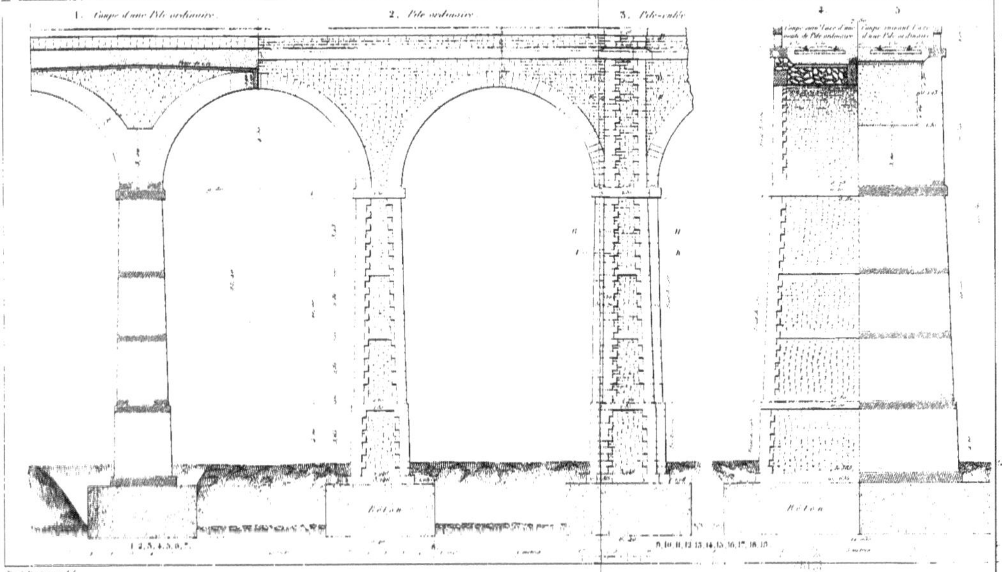

1. Coupe d'une Pile ordinaire.

2. Pile ordinaire.

3. Pile-culée.

4. Coupe suivant l'axe d'une Pile ordinaire

5. Coupe suivant l'axe d'une Pile ordinaire

Béton

Béton

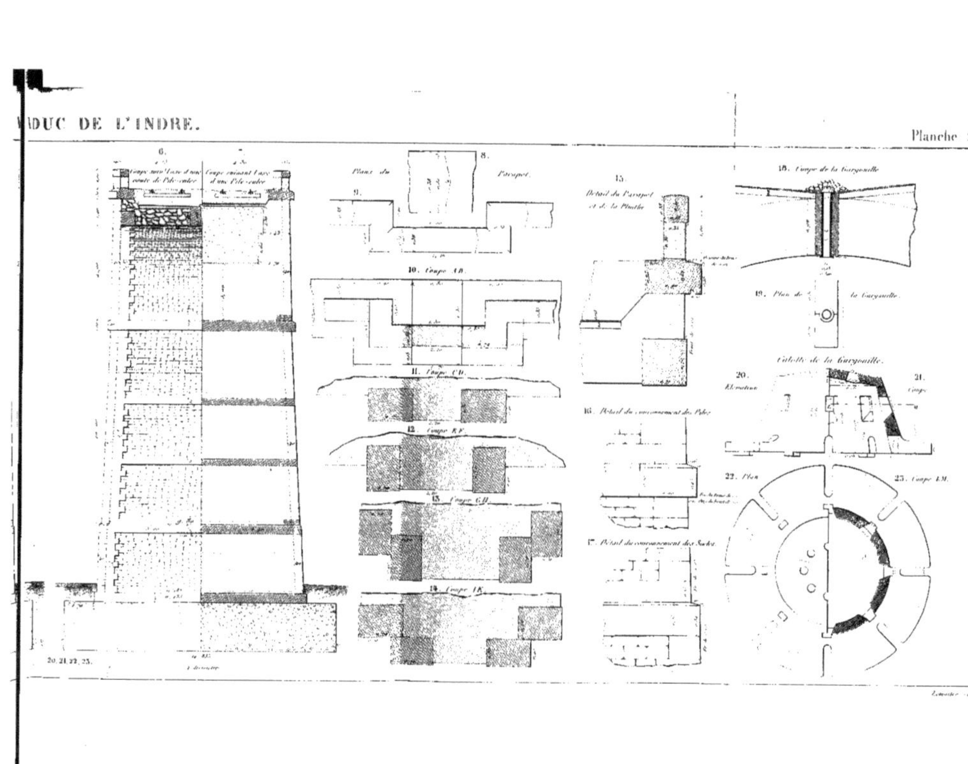

DUC DE L'INDRE.
Planche 2.
Plans du Parapet.
Détail du Parapet et de la Plinthe.
18. Coupe de la Gargouille.
10. Coupe AB.
11. Coupe CD.
12. Coupe EF.
13. Coupe GH.
14. Coupe IK.
19. Plan de la Gargouille.
Cuvette de la Gargouille.
20. Élévation.
21. Coupe.
16. Détail du couronnement des Piles.
17. Détail du couronnement des Socles.
22. Plan.
23. Coupe LM.

DÉTAILS DU VIA

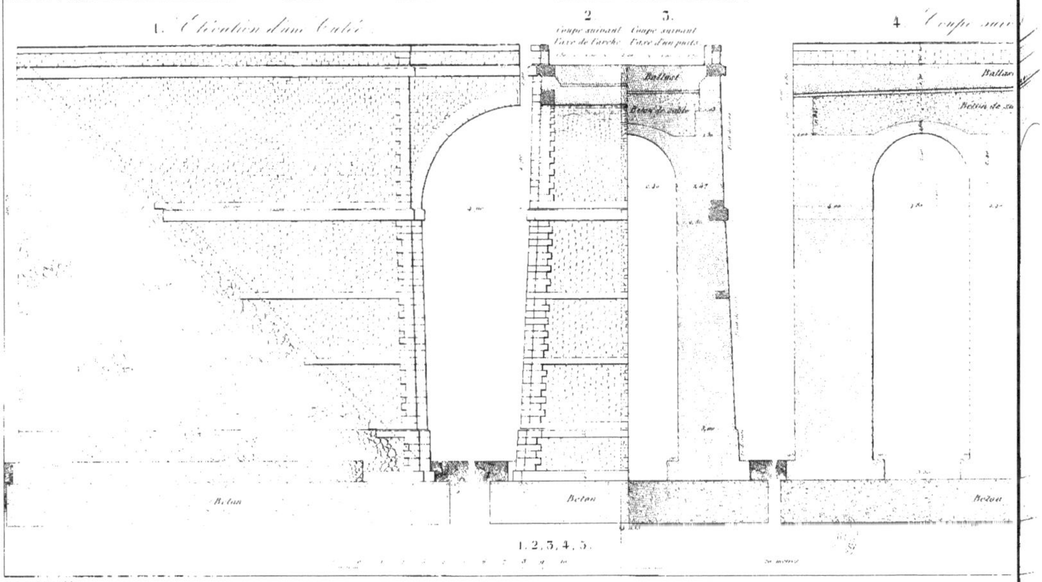

Tony Fontenay del.

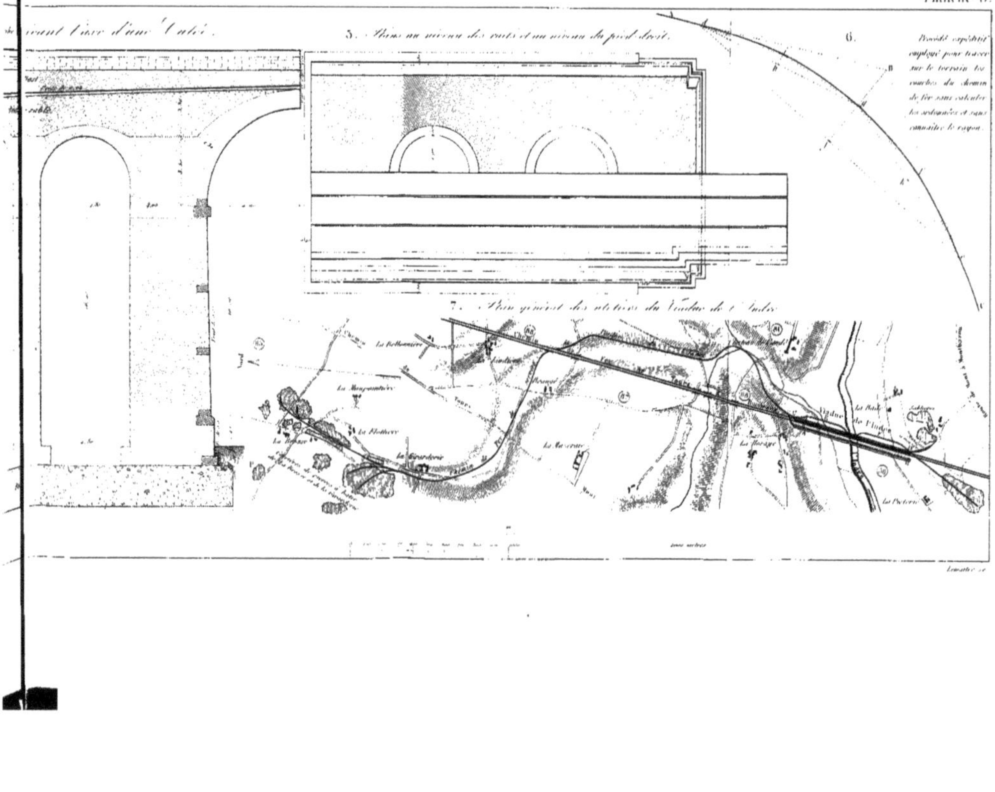

VIADUC DE L'INDRE. Planche 3.

5. Plans au niveau des reins et au niveau du pied droit.

6. Procédé expéditif employé pour tracer sur le terrain les courbes du chemin de fer sans calculer les ordonnées et sans connaître le rayon.

7. Plan général des ateliers du Viaduc de l'Indre.

Lemaître sc.

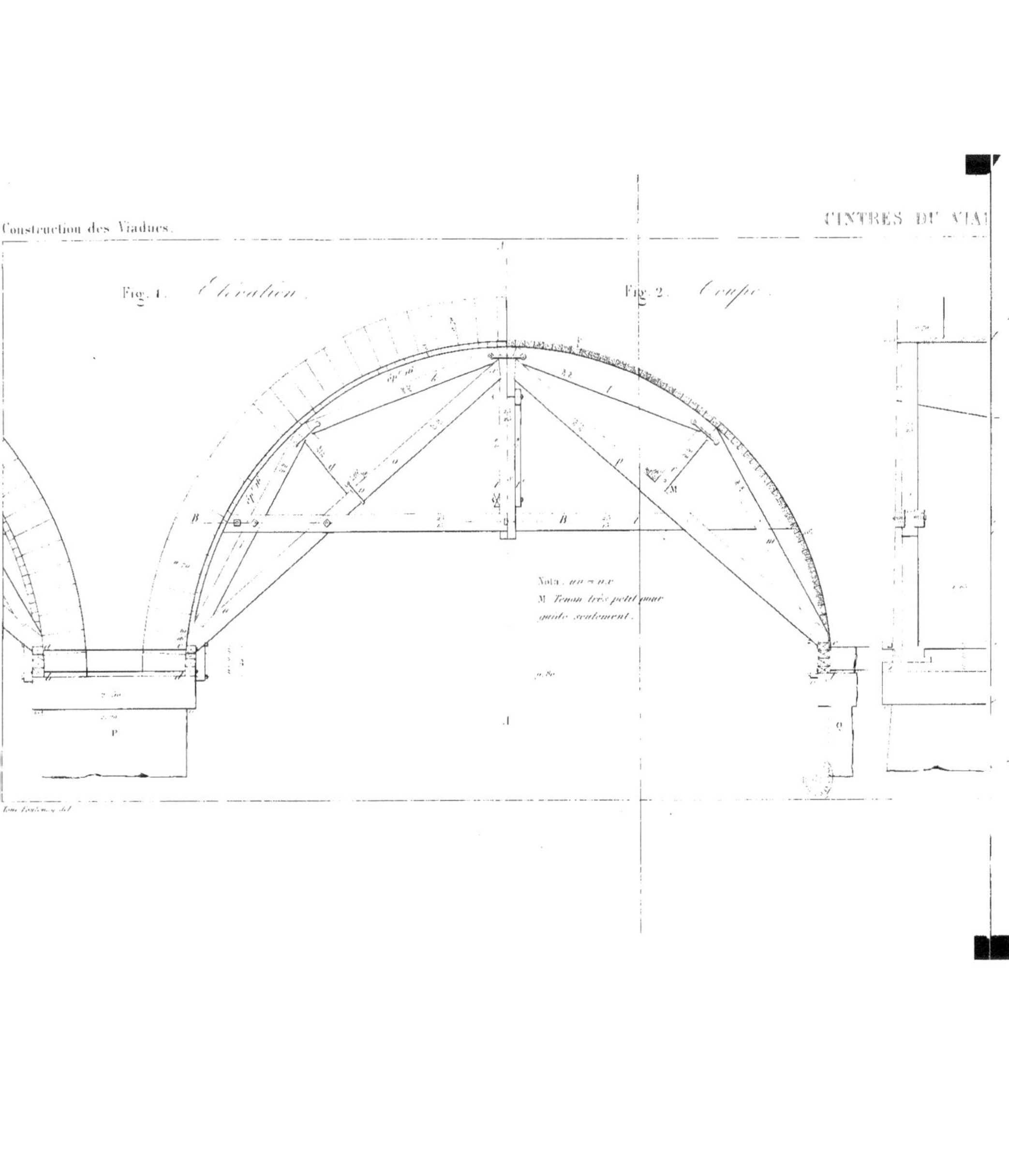
Construction des Viaducs.
CINTRES DU VIA
Fig. 1. Élévation.
Fig. 2. Coupe.
Nota: un = nx
M Tenon très petit pour
guide seulement.

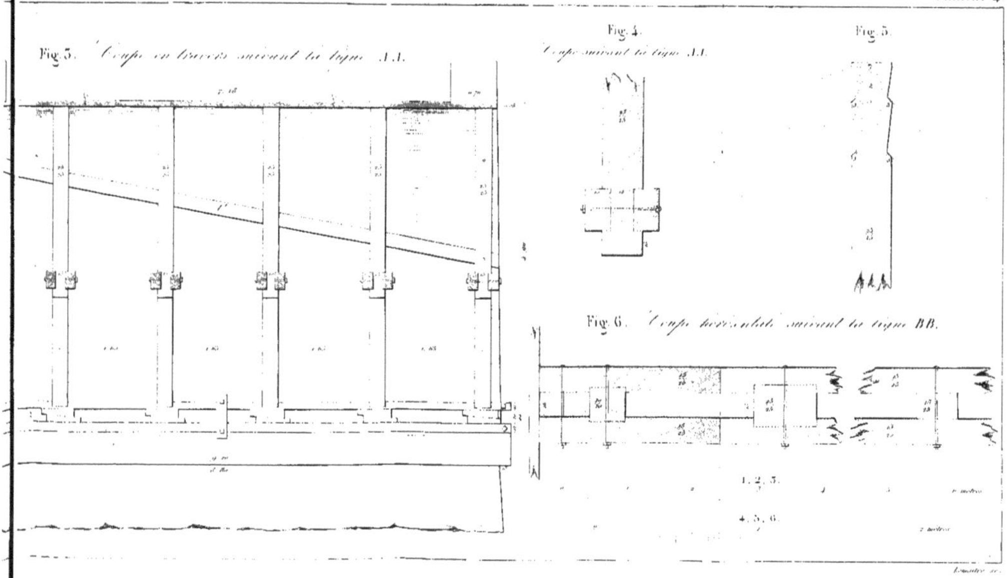
Fig. 3. Coupe en travers suivant la ligne A.A.
Fig. 4. Coupe suivant la ligne A.A.
Fig. 5.
Fig. 6. Coupe horizontale suivant la ligne BB.
1, 2, 3.
4, 5, 6.
Lemaître sc.

MACHINES EMPLOYÉES

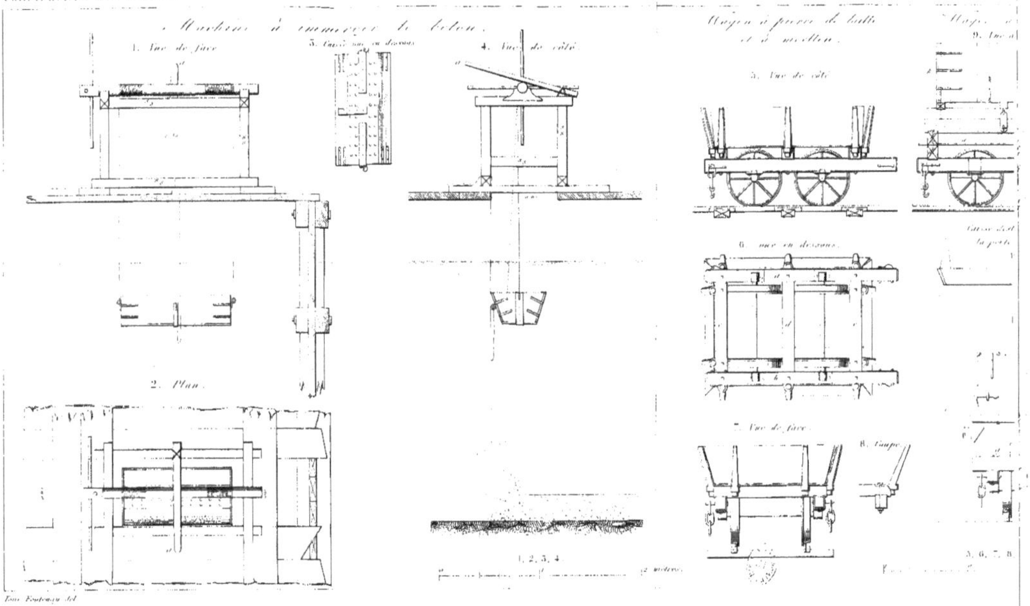

Machine à immerger le béton.

1. Vue de face

2. Plan.

3. Caisse vue en dessous

4. Vue de côté

Wagon à pierre de taille et à moellon.

5. Vue de côté

6. Vue en dessous

7. Vue de face

8. Coupe

9. Vue

1, 2, 3, 4

2 mètres

5, 6, 7, 8

Dessiné par ... del.

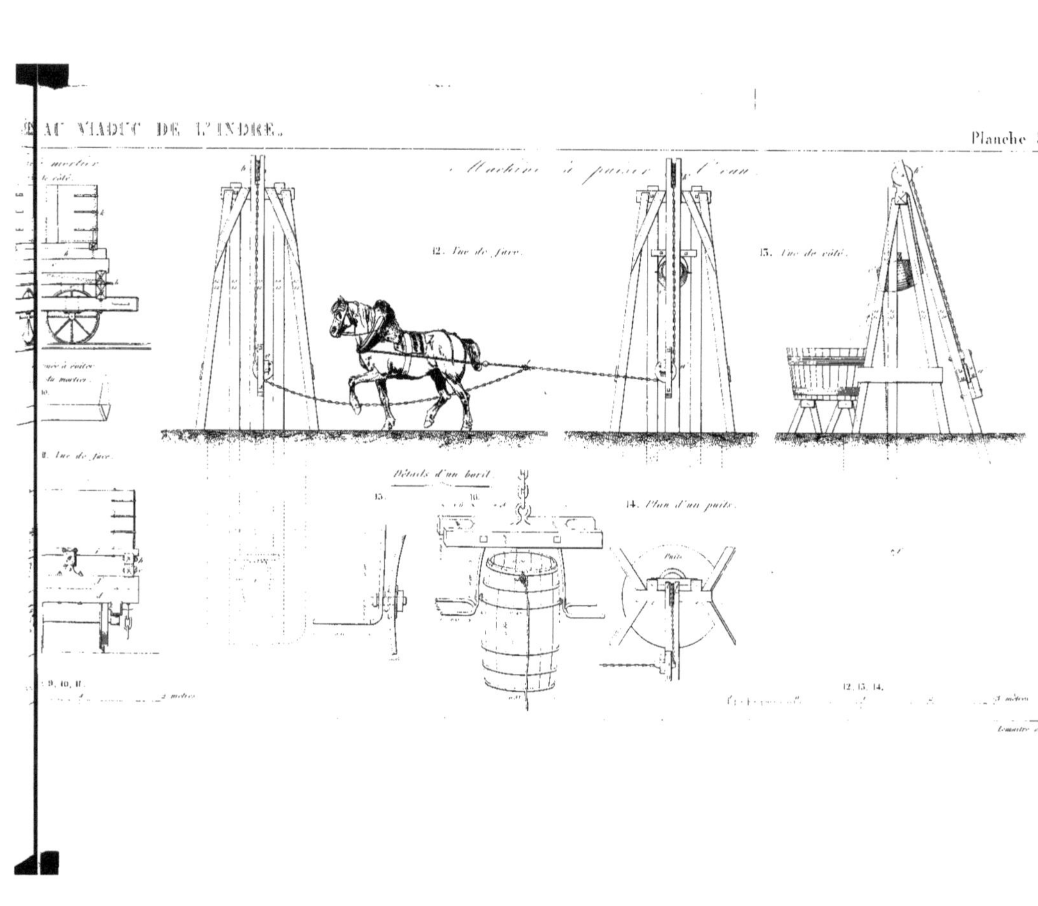
Machine à puiser l'eau.
12. Vue de face.
13. Vue de côté.
Détails d'un baril.
14. Plan d'un puits.
Puits
9, 10, 11.
2 mètres
12, 13, 14.
3 mètres
Lemaître sc.

Construction des Viaducs.

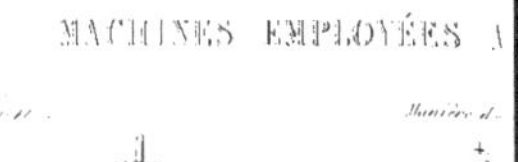

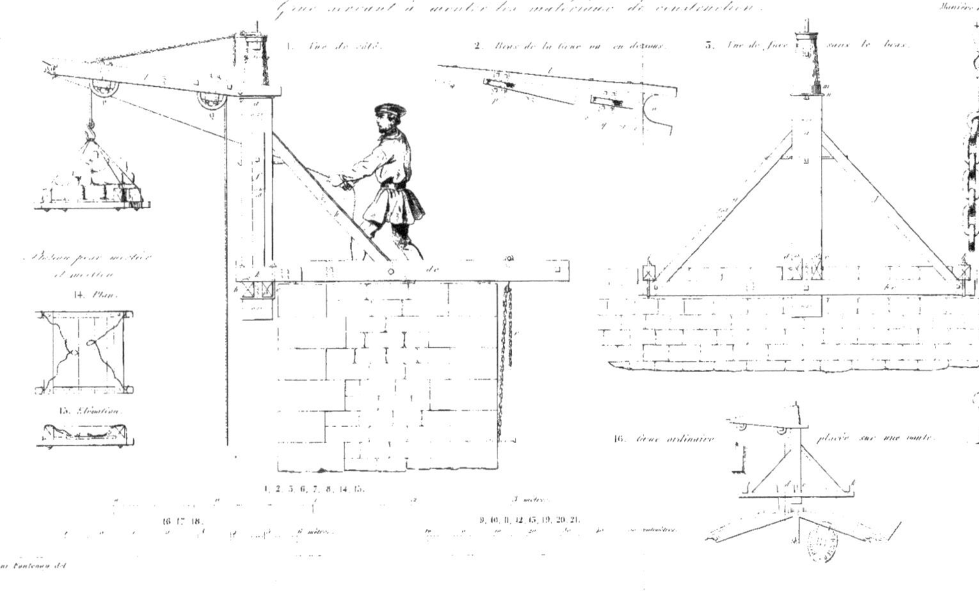

Gui Panteau del.

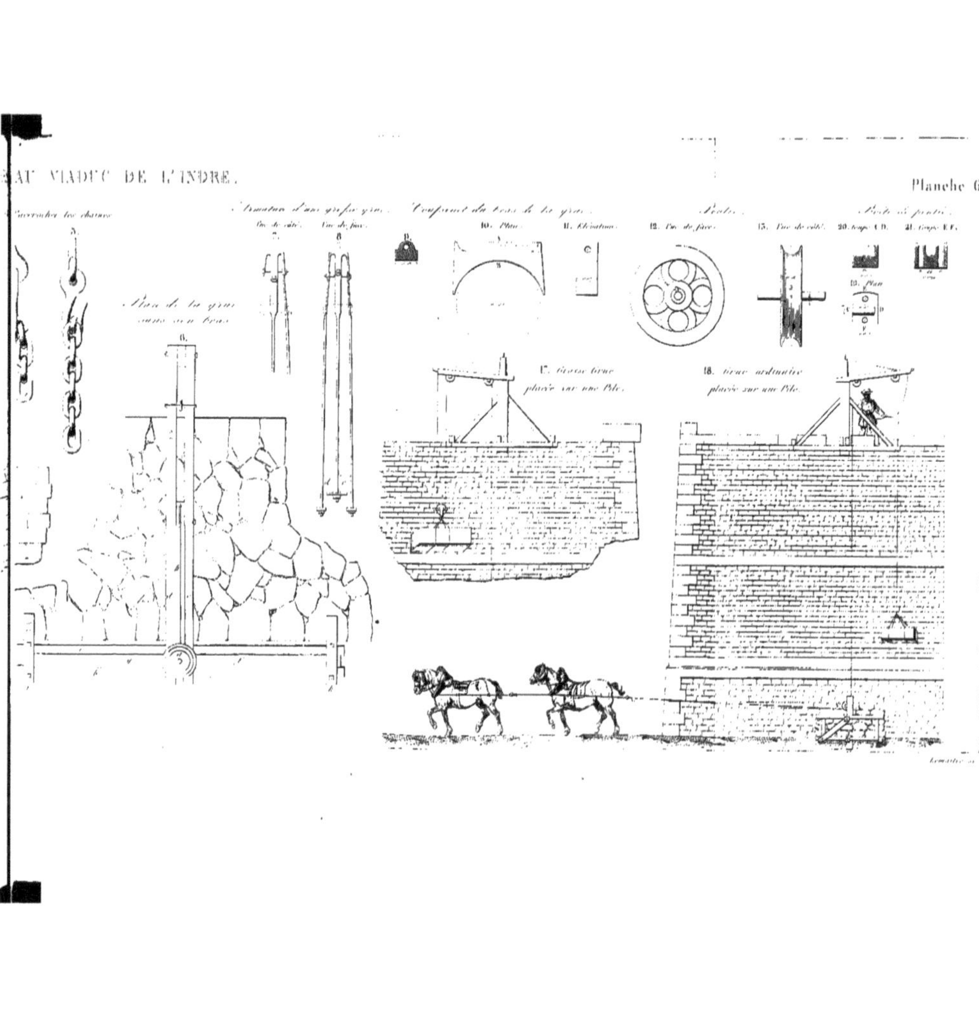
AU VIADUC DE L'INDRE.
Planche 6.
Plan de la grue sans son bras
10. Plan
11. Élévation
12. Vue de face
13. Vue de côté
19. Plan
17. Grosse grue placée sur une Pile.
18. Grue ordinaire placée sur une Pile.

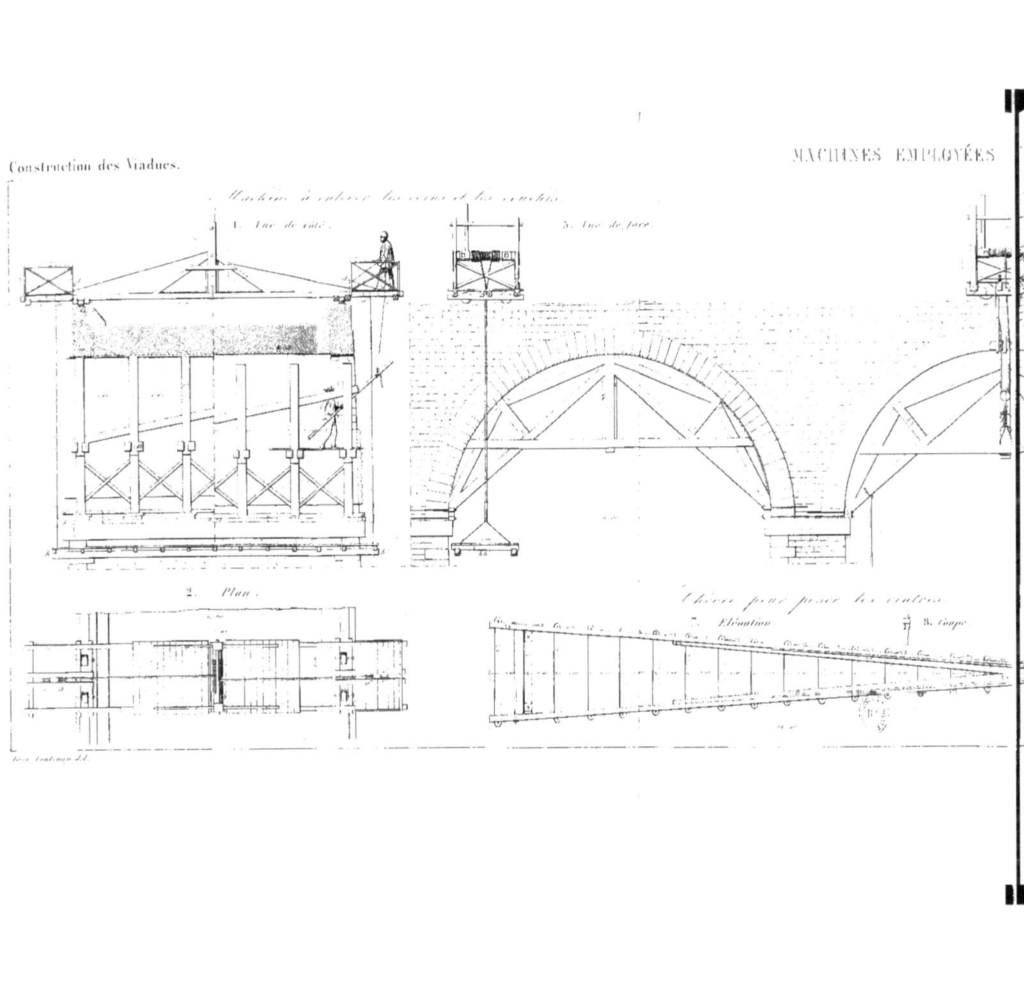
Construction des Viaducs.
MACHINES EMPLOYÉES
1. Vue de côté.
3. Vue de face.
2. Plan.
Chèvre pour poser les cintres.
7. Élévation.
8. Coupe.

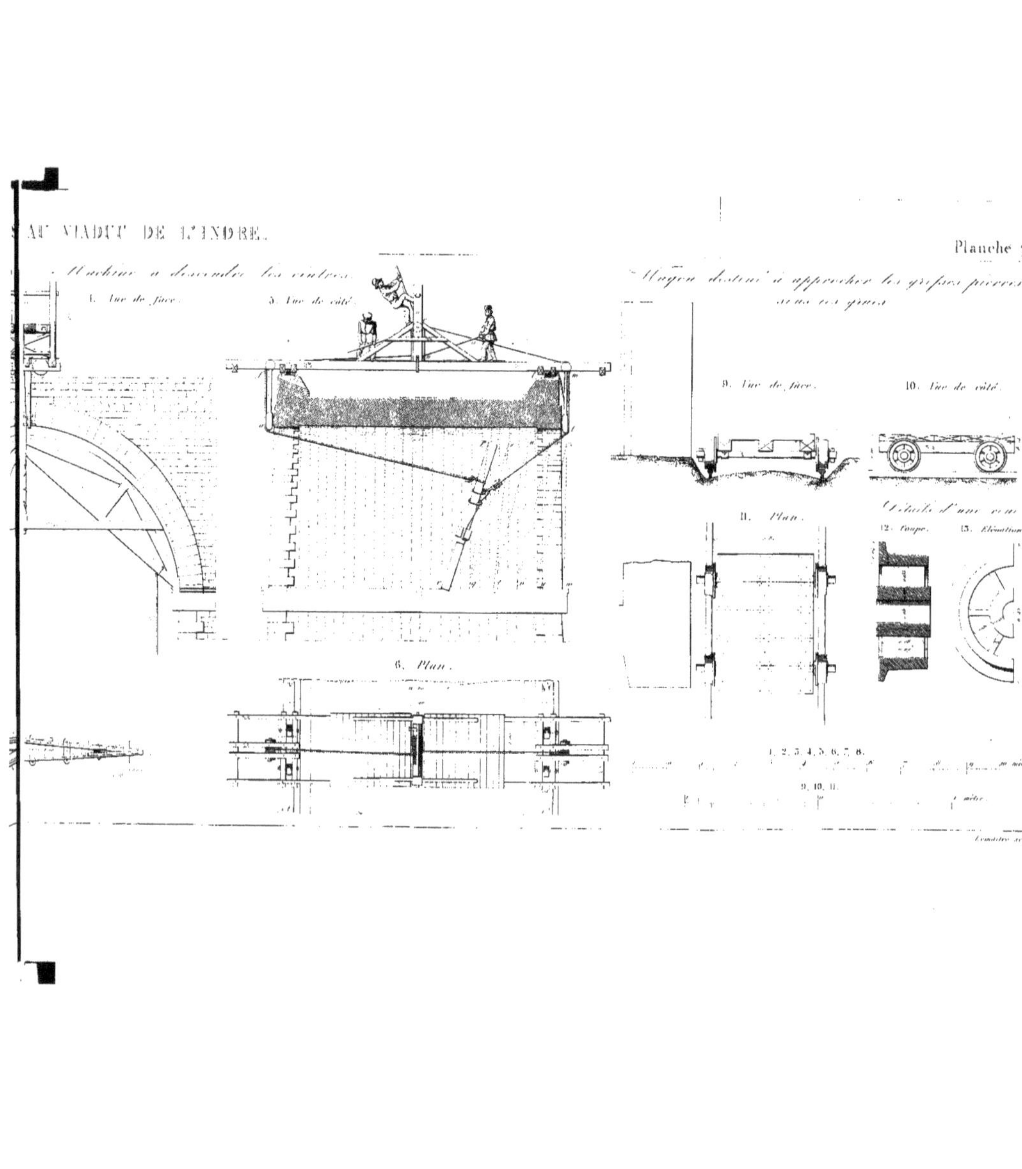
AU VIADUC DE L'INDRE.
Planche 7.
1. Vue de face.
5. Vue de côté.
6. Plan.
9. Vue de face.
10. Vue de côté.
11. Plan.
12. Coupe.
13. Élévation.

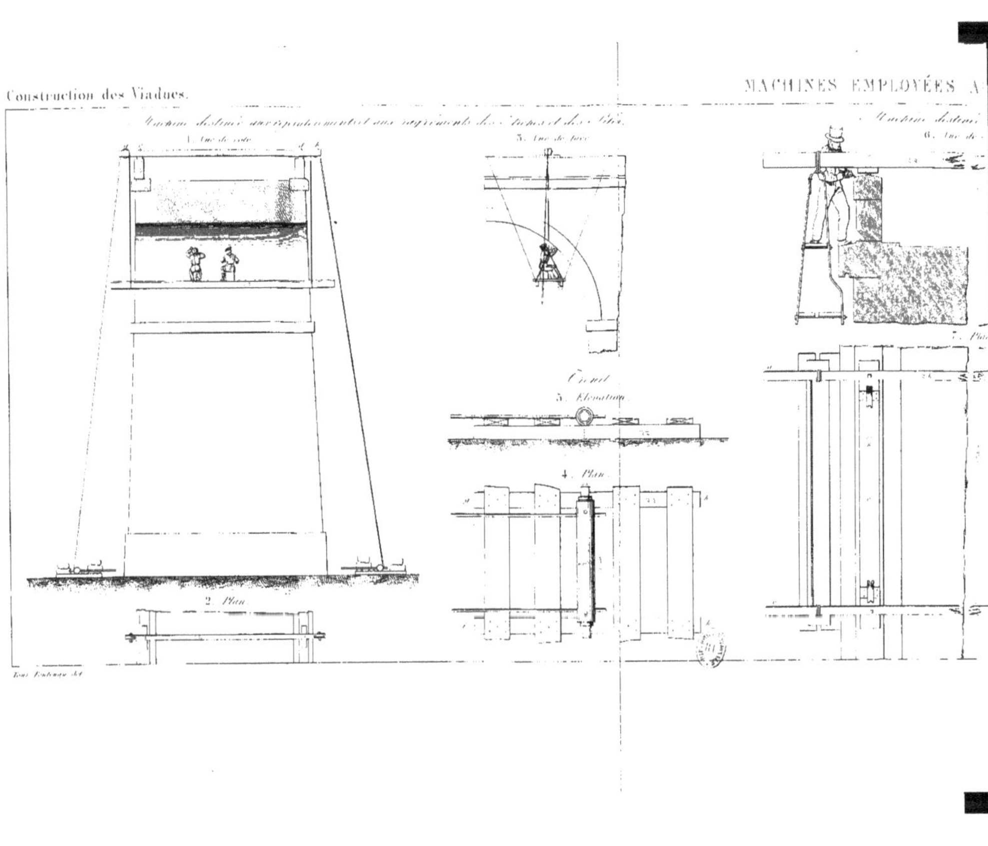

Construction des Viaducs.
MACHINES EMPLOYÉES A
5. Élévation
4. Plan
2. Plan

…AU VIADUC DE L'INDRE.

…aux enrochements et aux consolidements des Parapets et des Plinthes.

…côté.

8. Vue de face.

9. Plan d'un Pont d'une forme défectueuse.

Plan.

10. Mur Anglais.

11. Mur Anglais.

12. Mur Français.

13. Murs Anglais et mur Français superposés.

14. Machine employée aux expériences sur les murs de soutènement.

1. 2. 3.

6. 7. 8.

4. 5.

10. 11. 12. 13.

Lemaître sc.

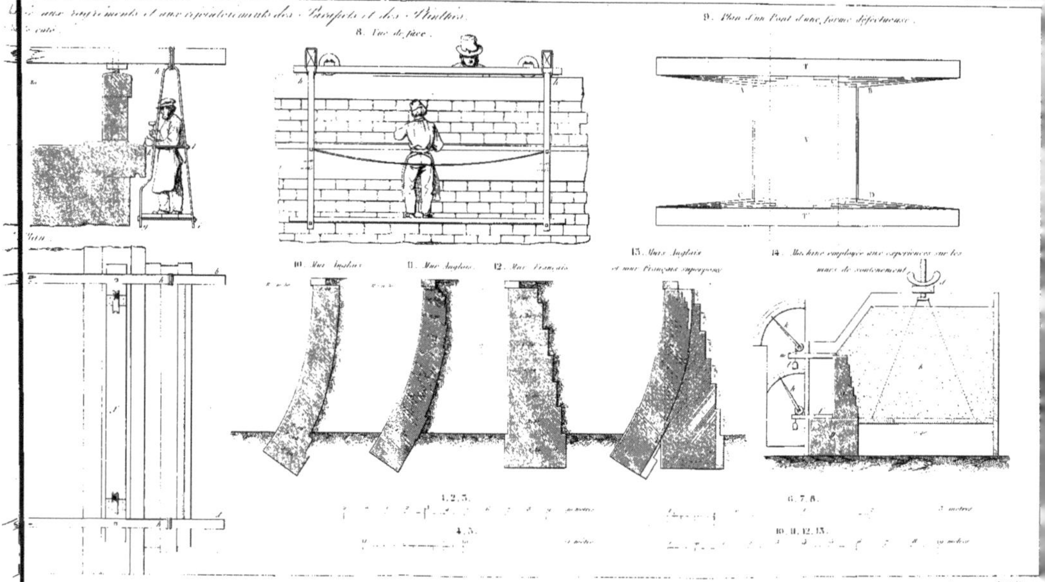

Construction des Viaducs.

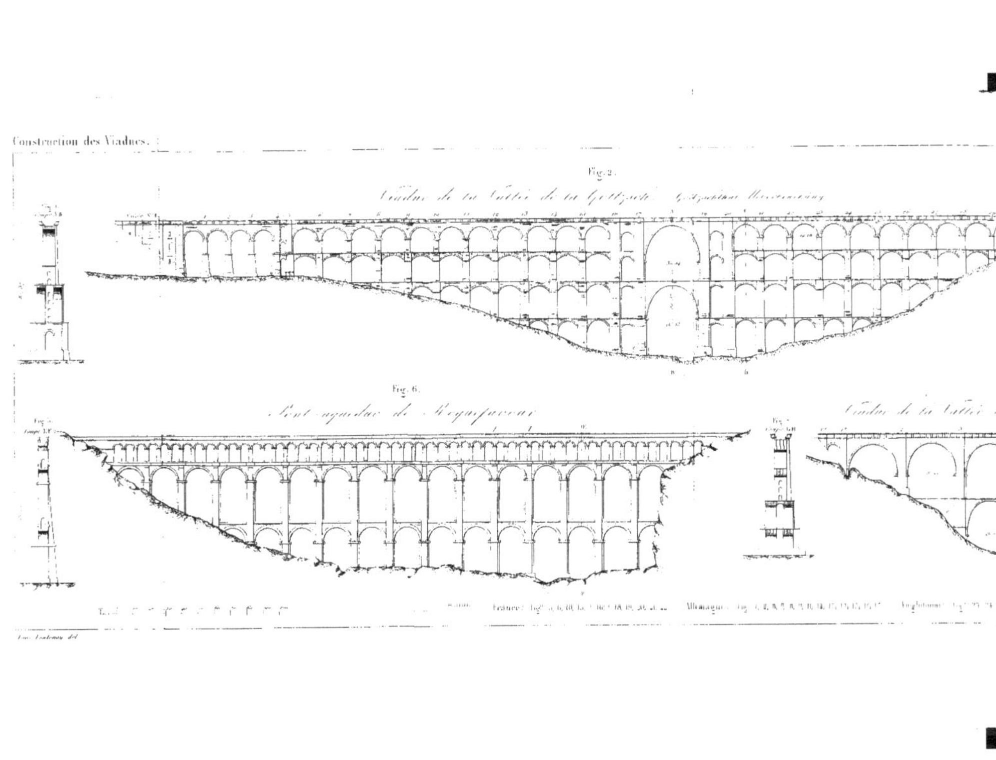

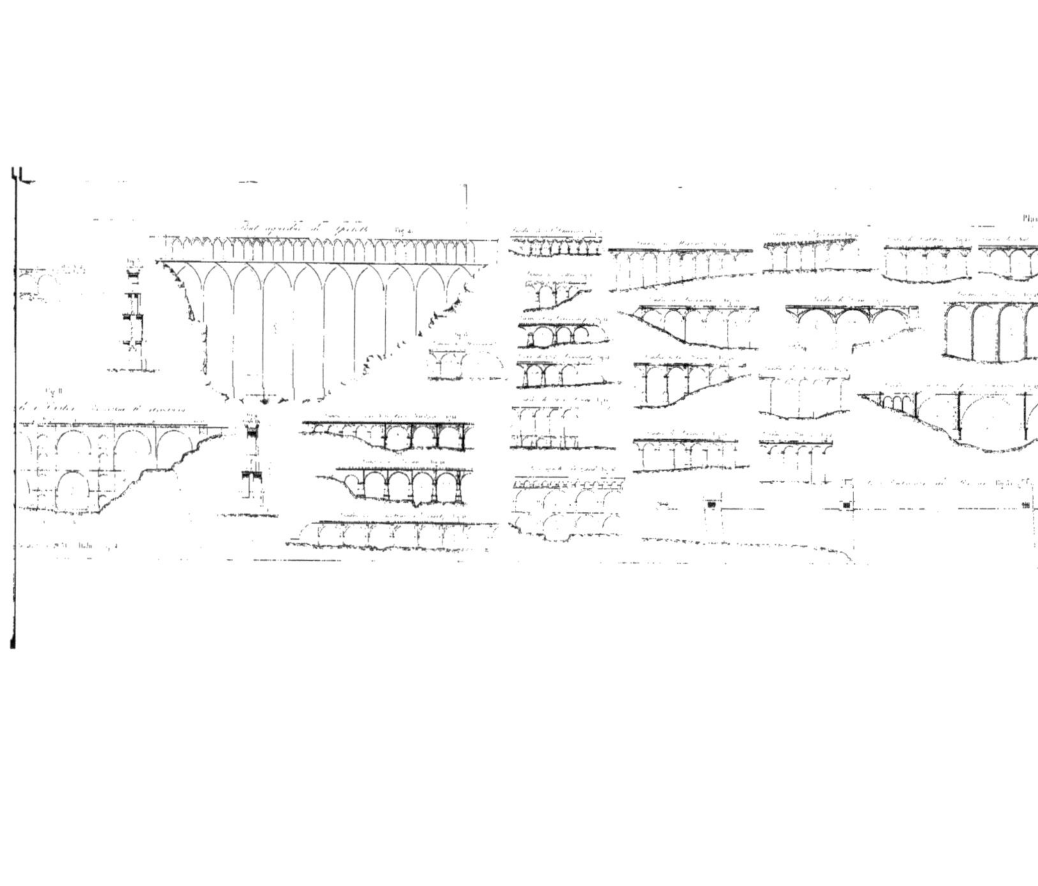

www.ingramcontent.com/pod-product-compliance
Ingram Content Group UK Ltd.
Pitfield, Milton Keynes, MK11 3LW, UK
UKHW021523260726
13993UKWH00004B/1851